Cahier d'activités

A. Payet - I. Rubio - E. F. Ruiz

Crédits photographiques

P. 4 : Tatyana Gladskih/Fotolia ; **P. 5 :** dogmer/Fotolia ; von Lieres/Fotolia ; Chepko Danil/Fotolia ; Jacek Chabraszewski/Fotolia ; **P. 7 :** gmeviphoto/Fotolia ; JStone/Shutterstock ; Helga Esteb/Shutterstock ; **P. 8 :** grafikplusfoto/Fotolia ; Brad Pict/Fotolia ; tarasov_vl ; steamroller/Fotolia ; yurakp/Fotolia ; **P. 9 - 10 - 12 - 13 - 15 - 17 - 18 -19 - 22 - 23 - 26 - 27** : Fotolia ; **P. 31 :** marino/Fotolia ; Production Perig/Fotolia ; Monkey Business/Fotolia ; **P. 32 - 33 - 34 :** Fotolia ; **P. 36 :** tiero/Fotolia ; **P. 37 :** WavebreakMediaMicro/Fotolia ; Kzenon/Fotolia ; Andrey Popov/Fotolia ; **P. 38 :** agrino/Fotolia ; vadymvdrobot/Fotolia ; **P. 39 :** VolkOFF-ZS-BP ; corund/Fotolia ; Denchik/Fotolia ; **P. 41 :** ZAKLEFTY/Fotolia ; Comugnero Silvana/Fotolia ; tortoon/Fotolia ; Photographee.eu/Fotolia ; morane/Fotolia ; olly/Fotolia ; **P. 42 :** graphilight/Fotolia ; Yves Damin/Fotolia ; **P. 45 :** Jakub Krechowicz/Fotolia ; **P. 47 :** miya227/Fotolia ; **P. 50 :** bonninturina/Fotolia ; **P. 51 :** Kamira/Shutterstock ; **P. 52 :** Monkey Business/Fotolia ; goodluz/Fotolia ; KB3/Fotolia ; Kurhan/Fotolia ; **P. 53 :** andromina/Fotolia ; popcic/Shutterstock ; **P. 54 :** Dusan Kostic/Fotolia ; **P. 55 :** waechter-media.de/Fotolia ; Dreaming Andy/Fotolia ; Aquir/Fotolia ; saquizeta/Fotolia ; starmax9/Fotolia ; danny_pic/Fotolia ; alluranet/Fotolia. **P. 56 :** Thibault Renard/Fotolia ; **P. 58 :** mariesacha/Fotolia ; Ainoa/Fotolia ; McVectors/Shutterstock ; AldanNi/Shutterstock ; **P. 60 :** Kluva/Shutterstock ; **P. 62 :** irin73bal/Shutterstock.

Couverture : © Yanlev/fotolia

Directrice éditoriale : Béatrice Rego
Marketing : Thierry Lucas
Édition : Brigitte Marie
Conception maquette intérieure : Emma Navarro, Domino
Conception et réalisation couverture : Dagmar Stahringer
Mise en pages : Domino
Illustrations : Oscar Fernandez / Esteban Ratti
Enregistrements : Vincent Bund

© CLE international, SEJER, 2016
ISBN : 978-209-038832-9

N° de projet : 10295223 - Dépôt légal : juillet 2017
Achevé d'imprimer en Italie par Grafica Veneta - Trebaseleghe en août 2023

Sommaire

Unité 0 Nous parlons français — 4
1. Je me présente — 5
2. Écoute ! — 6
3. Qu'est-ce que tu aimes ? — 7
4. J'ai 98 amis sur Facebook — 8

Unité 1 Tendance mode — 9
1. Qui je suis ? — 10
2. J'ai le style hip-hop — 11
3. C'est une actrice — 12
4. Je me déguise — 13
5. Je t'invite — 14
Lecture — 15
Apprendre à apprendre — 16
Bilan — 17

Unité 2 Amuse-toi bien ! — 18
1. Je fais du sport — 19
2. Je marque un but — 20
3. Je joue de la flûte — 21
4. C'est à moi ! — 22
5. Ils adorent la musique — 23
Lecture — 24
Apprendre à apprendre — 25
Bilan — 26

Unité 3 Mon tour d'Europe — 27
1. Où tu vas ? — 28
2. Je viens d'Espagne — 29
3. Il fait beau ? — 30
4. Tu vas chez Lola ? — 31
5. Je voyage en Europe — 32
Lecture — 33
Apprendre à apprendre — 34
Bilan — 35

Unité 4 Mon collège et moi — 36
1. Mon collège, il est bio ! — 37
2. Quelle heure est-il ? — 38
3. Combien font 12 fois 64 ? — 39
4. Elles s'adorent ! — 40
5. Un peu de discipline — 41
Lecture — 42
Apprendre à apprendre — 43
Bilan — 44

Unité 5 Ma vie d'ado — 45
1. On va rénover ! — 46
2. Au fond, à droite — 47
3. Je range — 48
4. On s'occupe — 49
5. C'est ma chambre ! — 50
Lecture — 51
Apprendre à apprendre — 52
Bilan — 53

Unité 6 Action ! — 54
1. Culture pub ! — 55
2. Les soldes c'est moins cher ! — 56
3. Je m'engage — 57
4. Aïe ! j'ai mal ! — 58
5. J'aimerais m'inscrire — 59
Lecture — 60
Apprendre à apprendre — 61
Bilan — 62

Unité 0

J'apprends à :

- parler et écrire au présent de l'indicatif
- utiliser correctement les verbes « être » et « avoir »
- exprimer des ordres et des conseils avec l'impératif
- poser des questions en français
- compter de 0 à 100 et énoncer mon numéro de téléphone
- écrire une date

[Nous parlons français]

Séance 1 — **Je me présente**

1. Lis le texte et entoure les verbes en « er ».

Bonjour ! Je m'appelle Anna et je suis portugaise. J'adore la plage et la musique rock. Ma couleur préférée, c'est le vert. Ma sœur et moi, nous jouons au tennis. Ma sœur s'appelle Lucia et elle habite à Lisbonne. Mes parents parlent portugais, anglais et français, et moi je parle aussi espagnol. À bientôt !

2. Conjugue les verbes « être » et « avoir ».

Être : ....

Avoir : ....

3. Complète les phrases.

a. Tu .... où ?

J' .... à Paris.

b. Qu'est-ce que vous aimez ?

Nous .... les croissants !

c. Tom et Eva .... espagnols et français.

Moi, je .... portugaise, anglaise et française !

d. Tu aimes la salade ?

Non, je .... la pizza.

4. Imagine et écris le profil de ces personnes. Précise l'âge, la nationalité, les goûts, etc. Utilise les verbes « être » et « avoir » et des verbes en « er ».

① ② ③ ④

5. Conjugue les verbes entre parenthèses.

a. Nous .... (*jouer*) au basketball.

b. Elles .... (*détester*) la couleur jaune.

c. Vous .... (*regarder*) la télévision.

d. J' .... (*aimer*) les sports.

e. Elles .... (*habiter*) en Afrique.

Séance 2 — Écoute !

1. Classe les conseils dans la bonne colonne.

La santé	L'école
....	....
....	....
....	....

  a. – Mange des fruits et des légumes !
  b. – Écoute ton professeur !
  c. – Couche-toi tôt le soir !
  d. – Pose des questions en classe !
  e. – Termine tes devoirs !
  f. – Joue au football !

2. Conjugue à l'impératif.

Regarder : ....
Acheter : ....
Marcher : ....

3. Écoute et repère les bons et les mauvais conseils.

Bons conseils = phrases n° ....
Mauvais conseils = phrases n° ....

4. Entoure les phrases à l'impératif.

Exemple : *Tu parles fort. /(Parle fort.)*

  a. Vous regardez ces animaux. / Regardez ces animaux !
  b. Mangeons moins de dessert ! / Nous mangeons moins de dessert.
  c. Vous portez une robe. / Portez une robe !
  d. Réveille-toi ! / Tu te réveilles.
  e. Danse avec tes amis ! / Tu danses avec tes amis.

5. Mets les phrases à l'impératif.

Exemple : *Jouer au foot (nous). → Jouons au foot !*

  a. Écouter cette chanson (*tu*). → ....
  b. Travailler en classe (*vous*). → ....
  c. Parler français (*vous*). → ....
  d. Danser ensemble (*nous*). → ....
  e. Rencontrer des nouvelles personnes (*tu*). → ....
  f. Préparer un gâteau (*nous*). → ....

Séance 3 — Qu'est-ce que tu aimes ?

1. Écoute et choisis la bonne réponse.

1. Le 21 janvier → phrase ....
2. À New York → phrase ....
3. Des pâtes → phrase ....
4. Amélie → phrase ....
5. Dix euros → phrase ....

2. Écris les questions.

Exemple : *J'étudie les mathématiques ?* → *Qu'est-ce que tu étudies ?*

a. ....
J'aime le foot.

b. ....
Nous habitons à Marseille.

c. ....
Elle connaît bien Charles.

d. ....
Oui, j'adore les glaces au chocolat.

3. Entoure les intrus.

a. quoi / comment / habiter / où
b. qui / quoi / jamais / comment
c. arriver / qui / quoi / quand
d. combien / content / quand / comment

4. Complète les phrases avec « Est-ce que » ou « Qu'est-ce que ».

a. .... tu aimes la musique techno ?
b. .... tu détestes ?
c. .... vous mangez au petit déjeuner ?
d .... vous parlez plusieurs langues ?
e. .... ils habitent à Bruxelles ?

5. Écris une question pour...

a. une chanteuse célèbre
....
b. un acteur célèbre
....
c. un écrivain célèbre
....
d. un peintre célèbre
....

J'ai 98 amis sur Facebook

🔊 3 1. Écoute et écris le bon nombre.

a. .... b. .... c. .... d. .... e. .... f. .... g. ....

🔊 4 2. Écoute et entoure les nombres que tu entends.
Une rangée ou une colonne est complétée ? Bingo !

B	I	N	G	O
3	21	40	61	83
10	25	48	71	85
13	30	Gratuit	73	90
17	37	50	79	94
20	39	58	80	99

3. Écris les nombres en lettres.

a. 66 .... d. 25 .... g. 91 .... j. 28 ....
b. 79 .... e. 36 .... h. 41 .... k. 37 ....
c. 80 .... f. 81 .... i. 54 .... l. 49 ....

4. Écris les nombres en chiffres.

a. vingt-sept : .... e. cinquante-sept : .... i. cinquante-deux : ....
b. quatre-vingt-dix-neuf : .... f. soixante-huit : .... j. vingt-deux : ....
c. trente : .... g. vingt-trois : .... k. trente et un : ....
d. cinquante et un : .... h. soixante-treize : .... l. quatre-vingt-douze : ....

🔊 5 5. Écoute et note le prix de chaque article.

a. .... b. .... c. .... d. .... e. ....

6. Classe les nombres du plus petit au plus grand.

a. vingt-sept   c. onze   e. quatre-vingt   g. cinquante-huit
b. quarante-deux   d. cent   f. soixante-trois   h. treize

Classement : ....

7. Transforme la date comme dans l'exemple.

Exemple : *lundi 8 mai* → *08 / 05*

a. Mercredi 25 janvier ....   c. Jeudi 30 mars ....
b. Dimanche 13 septembre ....   d. Mardi 2 juin ....

huit

Unité 1

J'apprends à :
- décrire les vêtements
- parler des styles vestimentaires
- parler des professions
- parler des déguisements
- inviter quelqu'un

[Tendance mode]

Séance 1 **Qui je suis ?** Unité 1

1. Mets les lettres dans l'ordre. Écris les mots.

a. un atnpaoln ....
b. une jpue ....
c. des asresucshu ....
d. des sesbakt ....
e. un nboluso ....
f. une mecehsi ....
g. un lplu ....
h. une qucastete ....
i. une boer ....

2. Écoute la description et associe les prénoms au bon dessin.

 ①  ②  ③  ④

a. Salomé   b. Malika   c. Léa   d. Sandra

3. Décris ces personnes. Quels vêtements portent-elles ?

a. Elle porte ....
....
....
....

b. Ils portent ....
....
....
....

c. Il porte ....
....
....
....

c. Elle porte ....
....
....
....

4. Entoure la bonne forme de l'adjectif.

a. Elle a de *long* / *longues* / *longs* cheveux blonds.
b. Mes parents vont acheter une *nouveau* / *nouvelle* / *nouvelles* voiture.
c. Mes sœurs ne sont pas toujours *gentilles* / *gentils* / *gentille* avec moi.
d. Elle va porter une robe *blanc* / *blancs* / *blanche* pour son mariage.

5. Complète avec les adjectifs. Fais les accords nécessaires.

a. J'aime les baskets ....(blanc)
b. Je cherche une robe ....(long)
c. La tarte aux pommes de Lucas est très ....(bon)
d. J'ai une .... veste ! (nouveau)
e. C'est une .... chienne. (vieux)
f. La prof de français est très .... (gentil)

Séance 2 — J'ai le style hip-hop
Unité 1

1. Complète les phrases avec les mots de l'encadré.

> robes, chemise, blouson,
> baskets, jupe, survêtement,
> sportif, chaussures,
> hip-hop, colliers, baskets,
> jean, tee-shirt, sweat-shirt,
> BCBG, cheveux, hippie chic

a. Mathilde a un look .... Elle porte une .... bleue et une .... blanche. Elle a des .... blanches.

b. Mourad adore le look .... Il porte un ...., un .... et un .... multicolore.

c. Raoul, 14 ans, il a le style .... : ...., ... et ....

d. Eleonor, elle, c'est une .... Elle adore les .... longues, les longs ...., les .... longs.

2. Choisis un personnage dans un magazine et décris son style. Qu'est-ce qu'il/elle porte ? Comment s'appelle ce style ?

....
....
....

🔊 3. Écoute et complète avec la bonne lettre : « s », « t », « d », « e ».

a. ver.....   c. petit.....   e. gran.....   g. bra.....   i. spor.....
b. chemis.....   d. chocola.....   f. salu.....   h. nou.....   j. jaun.....

4. Lis les phrases. Dans certains mots, tu n'entends pas la lettre finale. Barre les lettres que tu n'entends pas.

a. Bonjour, bienvenue pour votre bulletin météo.
b. Aujourd'hui, il fait très froid. Mettez un pull et un blouson.
c. Prenez un bon petit-déjeuner, avec un chocolat chaud pour avoir des forces.
d. Ou alors, restez chez vous avec un bon livre ou devant un bon film !

Séance 3 — C'est une actrice — Unité 1

1. Lis les devinettes et trouve le nom des professions.

a. J'adore les ordinateurs. Je suis ....

b. J'utilise un bureau, des craies et un tableau. J'aide les enfants à apprendre à lire. Je travaille dans une école. Je suis ....

c. Je porte un chapeau blanc et haut. J'ai beaucoup de recettes. Je travaille dans la cuisine. Je prépare à manger. Je suis ....

d. Je soigne les enfants et les adultes, mais pas les animaux. Je suis ....

e. Mon travail, c'est de donner des coups de pied dans un ballon. Je suis ....

f. Je me bats contre le feu, les inondations et je porte secours. On m'appelle le soldat du feu. Je suis ....

2. Complète le tableau.

Masculin	Féminin
....	infirmière
musicien	....
acteur	....
cuisinier	....
....	informaticienne
pilote	....
....	photographe

🔊 8 3. Écoute et complète.

a. Samuel a ....

b. Il est ....

c. Il aime ....

d. Il faut être ....

e. Il veut être ....

4. Complète les phrases avec « un », « une » ou « des » si c'est nécessaire.

a. Je te présente mon frère, c'est .... photographe comme toi.

b. Je veux être .... footballeur.

c. Ce sont .... médecins célèbres.

d. Livia rêve d'être .... pilote d'avion.

e. C'est .... actrice débutante.

f. Elles sont .... infirmières à l'hôpital Georges Pompidou.

5. Décris la profession de ton père ou de ta mère.

....

....

....

Séance 4 — Je me déguise — Unité 1

1. Lis les questions sur le carnaval et choisis la bonne réponse. Tu peux peux t'aider d'Internet.

a. Quel est le dernier jour de carnaval ?
- ❏ Le mardi gras
- ❏ Noël
- ❏ Pâques

b. À quel pays on associe le « cosplay » ?
- ❏ Le Brésil
- ❏ Le Japon
- ❏ L'Angleterre

c. Qu'est-ce qu'on jette pendant le Carnaval ?
- ❏ La poubelle
- ❏ Des serpentins
- ❏ Des jouets

d. Quel personnage porte un costume avec des losanges colorés ?
- ❏ Arlequin
- ❏ Polichinelle
- ❏ Pierrot

e. Quel costume n'est pas un costume de carnaval ?
- ❏ Un costume de super héros
- ❏ Un costume de vampire
- ❏ Un costume de squelette

f. Dans le carnaval de Dunkerque, comment s'appellent les grands personnages ?
- ❏ Les ogres
- ❏ Les géants
- ❏ Les colosses

g. Pour le carnaval, on défile sur :
- ❏ des voitures.
- ❏ des chars.
- ❏ des motos.

h. Qu'est-ce qu'on mange pendant le carnaval ?
- ❏ Des brioches
- ❏ Des muffins
- ❏ Des beignets

i. Quel lieu est célèbre pour ses masques ?
- ❏ Paris
- ❏ Venise
- ❏ Le village Astérix

j. Quelle est la danse célèbre du carnaval de Rio ?
- ❏ La samba
- ❏ Le mambo
- ❏ La valse

2. Observe les illustrations et complète les phrases avec les verbes : « se parfumer », « s'amuser », « se promener », « se déguiser ».

a. Ils ……………………… en pirate.

b. Vous ……………………… sur le char.

c. Nous ……………………… pour la fête.

d. Tu ……………………… avec tes amis.

3. Observe l'exemple et réponds.

Exemple : *Tu t'appelles Sébastien ?*
Non, je ne m'appelle pas Sébastien.

a. Elle s'habille pour la fête ? ………………………

b. Vous vous amusez ? ………………………

c. Victor se déguise en zombi ? ………………………

d. Tu te promènes avec moi ? ………………………

4. Conjugue les verbes entre parenthèses.

a. Je ……………………… (se laver)

b. Nous ……………………… (se promener)

c. Anna et Constance ……………………… (se réveiller)

d. Vous ……………………… (s'amuser)

e. Robin ……………………… (se déguiser)

5. Cherche des informations sur le carnaval de ta ville (ou sur une autre fête).

a. Dans ton cahier, colle une photographie du carnaval (ou d'une autre fête) de ta ville.

b. Prépare une affiche avec les indications suivantes.

Nom de la ville : ………………………
Date du défilé de carnaval : ………………………
Lieu de la fête : ………………………
Activités proposées : ………………………
Prix des activités : ………………………

Séance 5 — Je t'invite

Unité 1

1. Écoute la conversation téléphonique et choisis les bonnes réponses.

a. C'est l'anniversaire de :
- ❏ Ninon.
- ❏ Maïa.

b. Elle organise :
- ❏ un défilé.
- ❏ une boum.
- ❏ une grande fête déguisée.

c. Elle a :
- ❏ seize ans.
- ❏ treize ans.

d. Le thème, c'est :
- ❏ des dessins.
- ❏ des personnages de bandes dessinées.
- ❏ Il n'y a pas de thème.

e. Ninon va se déguiser en :
- ❏ On ne sait pas.
- ❏ Elle ne sait pas.
- ❏ Astérix.

2. Lis le courriel et réponds.

À : Amandine@gmail.com
Objet :
De :

Bonjour Amandine,

Samedi, c'est l'anniversaire de Laura. Nous organisons une fête surprise pour elle chez Malika. Bien sûr tu es invitée. La fête commence à 18 heures mais on se donne rendez-vous avant, à 16 heures, pour tout préparer. On va organiser des danses et des jeux.
Malika habite 6, rue de Paris, derrière l'école primaire. On se retrouve chez elle.
Bisous
Barbara
PS : C'est un secret, ne le dis pas à Laura.

a. Qui écrit l'invitation ?
....
b. Où a lieu la fête d'anniversaire ?
....
c. À quelle heure commence la fête ?
....
d. Où habite Malika ?
....
e. Cite les activités préparées pour la fête.
....

3. Réponds à Barbara. Tu refuses son invitation.

....
....
....

4. Tu organises une fête chez toi. Tu écris une invitation pour tes ami(e)s. Précise le lieu, la date et l'heure. Explique les activités proposées.

....
....
....

Lecture

Unité 1

1. Lis l'article et réponds.

Jeunes professionnels

Ils n'ont pas encore 18 ans et ils travaillent depuis longtemps. Nous vous présentons dans ce reportage quatre jeunes talents.

STYLISTE À 8 ANS

Moziah Bridge est un petit génie du marketing. C'est le plus jeune styliste du monde. À huit ans, il fabrique ses premiers nœuds papillons. Il crée son entreprise en 2011, aux USA. Aujourd'hui, il propose sa production dans de nombreux magasins. Il gagne 120 000 euros par an.

LES BONBONS D'HENRY

À neuf ans, Henry est entrepreneur. Il habite le Buckinghamshire au sud de l'Angleterre et il dirige une petite entreprise de bonbons avec sa mère Rebecca.

Il vend ses bonbons sur Internet. Il rêve d'ouvrir un magasin de bonbons.

LÉO CHANTEUR

Aujourd'hui, Léo a quinze ans, il est chanteur. À neuf ans, ce jeune Français gagne un concours télévisé. Il adore la musique et la chanson. Il participe à de nombreux programmes de télévision. Il enregistre un CD en solo et une chanson avec Gary Fico *Le même que moi*.

L'INVENTION DE CÉLESTIN

À treize ans, le jeune Belge Célestin de Wergifosse invente une machine pour produire de l'électricité grâce à des panneaux solaires et une éolienne. Il gagne le grand prix de l'invention (concours Lépine) en 2011. Il offre son invention à des ONG*. Aujourd'hui, il a dix-huit ans, il est chef d'entreprise et fait des études.

* Associations bénévoles

a. Cherche et recopie la définition de « styliste », « entrepreneur », « panneau solaire » et « éolienne ».

....

b. Qu'est-ce que Moziah Bridge fabrique ? Où se trouve son entreprise ? Est-ce qu'il gagne beaucoup d'argent ?

....

c. À quel âge Henry est devenu entrepreneur ? Où est-ce qu'il habite ? Qu'est-ce qu'il fabrique ? Quel est son rêve ?

....

d. De quelle nationalité est Léo ? Écoute sa chanson sur Internet. Tu aimes ? Pourquoi ?

....

e. Que fait la machine de Célestin ?

....

Apprendre à apprendre

Unité 1

Savoir lire

1. Réponds : vrai ou faux ?

	Vrai	Faux
a. Je commence par lire le titre et je fais des hypothèses sur la suite.	❏	❏
b. Je lis le texte et je repère les paragraphes et les mots de liaison comme *et, alors, puis, donc*…	❏	❏
c. Je trouve l'idée principale de chaque paragraphe.	❏	❏
d. Les informations importantes, dans un article, sont au début.	❏	❏
e. Je cherche des réponses à des questions comme *qui, quand, où*.	❏	❏
f. Je fais des hypothèses sur les mots que je ne connais pas à partir du contexte.	❏	❏
g. Je vérifie ensuite mes hypothèses dans le dictionnaire.	❏	❏

2. Entraîne-toi ! Voici des titres d'articles. Écris les thèmes des articles.

a. Bienvenue à Londres ! : ....

b. Je vais travailler à l'étranger. : ....

c. Tu aimes mon style ? : ....

d. Comment devenir astronaute ? : ....

e. Réseaux sociaux : la vie en ligne. : ....

3. Lis l'article et réponds.

> **Initialement destinés à disparaître dès le 1ᵉʳ janvier, les sacs plastique sont finalement interdits à partir du 1ᵉʳ juillet. Mais on peut s'habituer à faire ses courses avec un filet à provisions…**
>
> La ministre de l'Écologie Ségolène Royal explique qu'elle respecte le « besoin de transition ». Résultat : ce sont les sacs plastique de moins de 50 micromètres d'épaisseur (gratuits ou payants) qui seront prohibés dans les magasins après le 30 juin. Les clients vont devoir apporter leurs propres sachets, filets, paniers et cabas pour transporter leurs achats.
>
> D'après *Géo Ado*.

a. Relève les mots identiques ou très similaires dans ta langue et vérifie le sens dans un dictionnaire.

....

b. Fais des hypothèses sur les mots : « disparaître », « filet à provisions », « épaisseur ».

....

c. Trouve dans le texte des synonymes de « interdits » (1 mot) et de « filets à provisions » (4 mots).

....

d. Trouve dans le texte le contraire de « gratuit » (1 mot).

....

Bilan

Unité 1

Grammaire

1. Complète avec les adjectifs. (2,5 points)
   a. La table est .... (long).
   b. Il porte une veste .... (jaune) et .... (bleu).
   c. Elle a des .... (long) cheveux .... (blond).
   d. Les baskets sont .... (blanc).
   e. C'est une très .... (vieux) et .... (beau) maison.

🔊 10 2. Écoute et montre la bonne image. (2 points)

① ② ③ ④

3. Complète avec « c'est un(e) » ou « il (elle) est ». (2, 5 points)
   a. .... vieux pilote.
   b. .... acteur.
   c. .... infirmière de l'hôpital.
   d. Tu connais Paul ? .... médecin.
   e. Sa sœur, ... informaticienne.

4. Écris les phrases au féminin. (3 points)
   a. Le musicien est jeune.
   ....
   b. L'acteur gagne un Oscar. Il est célèbre.
   ....
   c. J'aime le bon cuisinier du restaurant « Chez nous ».
   ....
   d. Le directeur du collège est gentil.
   ....
   e. Voici le nouveau professeur de français.
   ....
   f. Le pilote de l'avion est excellent.
   ....

5. Conjugue les verbes « s'amuser » et « se déguiser » au présent. (2 points)
   S'amuser : ....
   Se déguiser : ....

Phonétique

🔊 11 6. Écoute et barre les lettres qui ne se prononcent pas. (1 point)
   a. Marie, j'adore tes gants verts !
   b. Léo porte des baskets bleues et blanches ! Elles sont super !
   c. Il a un grand chapeau.
   d. Salut, moi c'est Paul. Je porte toujours un survêtement.

7. Ajoute les lettres finales. (1 point)
   a. C'est un garçon intelligen......... .
   b. David est gran......... .
   c. Dans le zoo, il y a un gro...... éléphant.
   d. J'aime la couleur jaun......... .

Vocabulaire

8. Retrouve les noms de métiers à partir des définitions. (3 points)
   a. Il ou elle aide le médecin. : ....
   b. Il a un uniforme et une arme. : ....
   c. Elle connaît tout sur les ordinateurs. : ....
   d. Il a un casque, un camion rouge, un jet d'eau.
   ....
   e. Elle joue du piano. : ....
   f. Elle dirige une école. : ....

Communication

9. Écris un courriel pour inviter un ami au cinéma. (3 points)
   ....
   ....
   ....

Total : ... / 20

Unité 2

J'apprends à :
- parler des sports
- parler des instruments de musique
- parler de mes activités
- exprimer la possession

[Amuse-toi bien !]

Séance 1 — Je fais du sport

Unité 2

1. Remets les lettres dans l'ordre pour retrouver les sports.
a. flog → ....
b. byrgu → ....
c. ksateb → ....
d. nensti → ....
e. notiaieuqt → ....

2. Lis les définitions et écris le nom du sport.
a. Ensemble de disciplines sportives comme la course, la course d'obstacles, le saut, la marche.
→ ....
b. Sport de combat et art martial d'origine japonaise. → ....
c. Sport pratiqué à la montagne, avec des épreuves comme le slalom. → ....
d. Deux joueurs avec des raquettes envoient une balle par-dessus un filet. → ....
e. Deux équipes de onze joueurs doivent lancer un ballon rond dans le but du camp adverse, sans les mains.
→ ....

3. Entoure la bonne forme du verbe « faire ».
a. Nous *font / faisons*.
b. Tu *fais / fait*.
c. Je *fais / fait*.
d. Elles *font / faisons*.
e. Il *fais / fait*.
f. Vous *faites / fais*.

4. Complète avec le verbe « faire » + « de la », « de l' » ou « du ».
a. Elle .... voile.
b. Il .... cyclisme.
c. Ils .... athlétisme.
d. Elles .... ski.
e. Tu .... musique, ... escrime et .... karaté.
f. Nous .... équitation.
g. Ils .... natation.
h. Vous .... handball.
i. On fait .... badminton.

dix-neuf 19

Séance 2 — Je marque un but
Unité 2

1. Complète avec le verbe « faire » et le mot entre parenthèses.

Exemple : *Tu (golf).* → *Tu fais du golf.*

a. Est-ce que tu (sport) ? → ....

b. Je (vélo) → ....

c. Nous (tennis) → ....

d. Elles (ski) → ....

e. On (skate) → ....

2. Complète ces phrases tirées de commentaires de match. Utilise les verbes « attraper », « lancer », « passer », « marquer » et « sauter ».

a. Tony Parker .... le ballon à Boris Diaw.

b. Pau Gasol .... et .... un panier.

c. James LeBron .... et .... le ballon.

3. Lis le texte et réponds.

> Inventé par les Anglais, le football est un sport très populaire dans le monde.
>
> **Le football amateur**
>
> Plus de deux millions de Français pratiquent régulièrement le football. Il y a 18 000 clubs de football dans le pays. Mais dans le sud de la France, on aime aussi beaucoup le rugby.
>
> **Le football professionnel**
>
> La plus importante des compétitions de football est la Coupe du monde de football. Elle se déroule tous les quatre ans dans un pays différent à chaque fois.
>
> Le championnat d'Europe de football (Euro) réunit les sélections nationales européennes.
>
> Chaque année, les clubs professionnels français jouent la coupe de France. Les clubs les plus titrés* sont : l'Association sportive de Saint-Étienne (ASSE), l'Olympique de Marseille (OM), l'Olympique Lyonnais (OL), le Football club de Nantes (FCNA) et le Paris Saint-Germain (PSG). Il existe une forte rivalité entre l'OM et le PSG.
>
> Les meilleurs joueurs français de l'histoire sont Raymond Kopa, Michel Platini et Zinedine Zidane.
>
> * Un club est « titré » quand il gagne la coupe de France.

a. De quel sport parle le texte ?
....

b. Cite un autre sport très populaire en France.
....

c. Qu'est-ce que la Coupe du monde ?
....

d. Quels clubs gagnent souvent la coupe de France ?
....

e. Comment s'appellent les meilleurs joueurs français de l'histoire ?
....

Séance 3 — Je joue de la flûte

Unité 2

1. Devine le nom de l'instrument.

a. Je suis blanc et noir, je peux avoir une queue. Je suis un (ionpa) ! : ....

b. J'ai des touches comme sur un piano et des boutons. Si tu m'étires, je fais de la musique. Je suis un (acrdncoé) ! ....

c. Nous sommes un instrument à percussion. Nous sommes rondes et nous avons un bâton. Nous sommes des (msracaa) ! : ....

d. J'ai 4 cordes et mon cousin, c'est le violoncelle... je suis un (vnolio) ! : ....

e. Je suis métallique et je suis un instrument à vent. J'ai un bec. Je suis une (rittealcen) ! : ....

f. Je suis un tube en bois ou en métal. J'ai des trous. Je suis une (etfûl) ! : ....

g. J'ai plusieurs caisses cylindriques. On tape avec des baguettes. Je suis une (trabetie) ! : ....

2. Écris six phrases avec un mot de chaque colonne.

Je	jouons	de la	guitare
Tu	joues	des	maracas
Il / elle	joues	de l'	volley
Nous	joue	au	piano
Vous	jouent	du	accordéon
Ils / elles	jouez		tennis

a. ....
b. ....
c. ....
d. ....
e. ....
f. ....

3. Complète les phrases avec le verbe « jouer » + « du », « de la » ou « au » et le mot entre parenthèses.

a. Nous .... (batterie).
b. À Toulon, on .... (rugby).
c. Il .... (flûte).
d. Je .... (clarinette).
e. Elles .... (volley-ball).
f. On .... (football) dans le monde entier.
g. Ils .... (trompette).
h. Tu .... (violon).

4. Écoute. Tu entends le son [v] ou [b] ? Coche la bonne case.

	a.	b.	c.	d.
[v]				
[b]				

5. Complète avec le verbe « faire » ou le verbe « jouer ».

a. Je .... du vélo pendant les vacances.
b. Nous .... au basket au collège.
c. Nous .... du basket au collège.
d. Elle .... très bien du violon.
e. Matthieu ne .... plus de la trompette.
f. Les élèves .... du sport et de la musique.
g. Tu .... au football pendant la récréation.
h. Tu .... du football le mercredi après-midi.

vingt et un

Séance 4 — C'est à moi ! — Unité 2

1. Écris les pronoms toniques et associe au bon pronom personnel.

Exemple : *Moi → Je*

....

....

2. Complète les messages avec les pronoms toniques.

Léa
Salut, ..., tu choisis quelle activité?

Moussa
..............., je choisis l'équitation. Et toi et ta sœur?

Léa
..............., nous participons à l'atelier vidéo. Sebas et Farid sont inscrits à l'atelier hip-hop ?

Moussa
Non, ..., ils font de la vidéo.

3. Transforme les phrases comme dans l'exemple.

Exemple : *C'est mon piano. → Le piano est à moi.*

a. C'est notre vélo. → ....

b. C'est leur batterie. → ....

c. C'est ta raquette. → ....

d. C'est son ballon. → ....

e. Ce sont vos skis. → ....

🔊 13. 4. Écoute les phrases et transforme-les à l'oral comme dans l'exemple.

Exemple : *Je joue de la trompette. / Moi, je joue de la trompette.*

5. Et toi, qu'est-ce que tu fais ? Raconte tes activités.

Exemple : *Je joue de / à.... Je fais de / à...*

....

....

....

....

....

....

Séance 5 — Ils adorent la musique

Unité 2

1. Écoute et réponds.

a. Comment s'appelle l'artiste préféré de Morgane ? ....

b. Où est né son artiste préféré ? ....

c. L'artiste présenté par Morgane est – un chanteur – un musicien – un DJ ?
....

d. À quel âge l'artiste présenté par Morgane commence à travailler ? ....

e. Combien d'enfants a l'artiste présenté ? ....

2. Lis la biographie de Black M et réponds.

> Black M, de son vrai nom Alpha Diallo, est un rappeur né le 27 décembre 1984 à Paris.
>
> En 2005, il sort un premier projet solo intitulé « Le Pacte ». Le maxi contient neuf titres et comprend la participation de Maître Gims.
> Son groupe connaît le succès en 2010 avec son premier album, « L'école des points vitaux ». L'album est disque d'or seulement trois semaines après sa sortie. Il se vend à plus de 150 000 exemplaires. Tout le monde connnnaît les hits « Désolé » ou « Wati By Night ». Le nouvel album « L'Apogée » se vend à plus de 700 000 exemplaires. Black M remporte deux NRJ Music Awards en janvier 2013. Depuis, Black M continue sa carrière en solo avec de grands succès comme « Sur ma Route », ou « La légende Black ».

a. Quelle est la date de naissance de Black M ? ....

b. Quel est son vrai nom ? ....

c. Comment s'appelle le premier disque d'or du groupe de Black M ? ....

d. Quels prix Black M gagne-t-il ? ....

e. Cite trois chansons connues de Black M. ....

3. Présente la biographie de ton artiste préféré.

....
....
....
....
....
....

vingt-trois

Lecture

Unité 2

1. Lis et réponds

La fête de la musique

✶ La fête de la musique est évènement international. C'est en France qu'on organise la première fête de la musique le 21 juin 1982. C'est un énorme succès. Aujourd'hui, 340 villes du monde participent à cette fête.
En France, il y a 18 000 concerts, 5 millions de musiciens et 10 millions de spectateurs. C'est le grand évènement de la culture française.

✶ Le 21 juin, c'est le jour le plus long de l'année. À Paris, par exemple, le soleil se lève à 5h43 et se couche à 22h00. C'est un moment idéal pour aller dans les rues et faire de la musique.

✶ Dans les écoles, les hôpitaux, les musées, les restaurants et la rue, on improvise des concerts.
Toi et tes amis, vous pouvez organiser une petite animation musicale pour montrer votre talent ou partager votre passion pour la musique.

✶ Pour les spectateurs, c'est une bonne occasion pour découvrir de nouveaux styles de musique comme le jazz, le rock, la musique du monde, le RnB, la musique classique ou bien le rap.

✶ Certaines personnes critiquent cette fête. Elles protestent contre le bruit des concerts dans les rues.

a. Combien de villes organisent la fête de la musique ? ....
b. Cette fête débute dans quel pays et en quelle année ? ....
c. Pourquoi la fête de la musique a lieu le 21 juin ? ....
d. Où ont lieu des concerts ? Cite trois endroits. ....
e. Qu'est-ce que vous pouvez faire avec vos amis ? ....
f. Pourquoi la fête de la musique est un grand évènement culturel français ? ....

Apprendre à apprendre

Unité 2

Quel type de mémoire as-tu ?

1. Coche la bonne case.

1. Pour apprendre une leçon de français :
- ❏ **a.** Je répète la leçon à voix haute ou basse.
- ❏ **b.** J'écris la leçon.
- ❏ **c.** Je marche dans ma chambre.

2. Pour retrouver une règle de grammaire :
- ❏ **a.** Je me souviens des explications du professeur.
- ❏ **b.** Je me souviens de la page du cahier.
- ❏ **c.** Je me rappelle une situation familière.

3. Quand je pense à un ami :
- ❏ **a.** Je me souviens en priorité de sa voix.
- ❏ **b.** Je me souviens en priorité de son visage.
- ❏ **c.** Je me souviens de mes activités avec lui.

4. Dans un livre :
- ❏ **a.** Je lis d'abord le texte.
- ❏ **b.** Je regarde d'abord, les schémas, les photos ou les dessins.
- ❏ **c.** Je sens son odeur.

5. Quand je cherche une page dans mon livre :
- ❏ **a.** Je prononce le numéro de la page.
- ❏ **b.** Je regarde les numéros de page en silence.
- ❏ **c.** Je mouille mon doigt pour tourner les pages.

6. Dans mes loisirs :
- ❏ **a.** J'aime de préférence la musique.
- ❏ **b.** J'aime plutôt le cinéma.
- ❏ **c.** J'aime plutôt le sport.

7. Pour retrouver une explication :
- ❏ **a.** Je repense aux explications du professeur.
- ❏ **b.** Je revois son explication écrite au tableau ou sur mon cahier.
- ❏ **c.** Je me rappelle une anecdote du professeur.

8. Je parle avec les autres :
- ❏ **a.** facilement.
- ❏ **b.** peu.
- ❏ **c.** en effectuant beaucoup de gestes.

9. Pour étudier, la musique :
- ❏ **a.** est un handicap car je ne m'entends plus réciter.
- ❏ **b.** ne me pose pas de problème.
- ❏ **c.** peut m'aider si c'est rythmé et discret.

11. Je préfère les explications :
- ❏ **a.** orales.
- ❏ **b.** sous forme de schémas.
- ❏ **c.** sous forme d'expériences ou d'anecdotes.

12. Pour retenir un numéro de téléphone :
- ❏ **a.** Je répète le numéro.
- ❏ **b.** J'écris le numéro.
- ❏ **c.** Je trouve un moyen mnémotechnique de le retenir.

2. Réponds.

TOTAL de réponses **a.** : .... ; **b.** : .... ; **c.** : ....

J'ai un maximum de a.) : j'ai une mémoire **AUDITIVE**

J'ai un maximum de b.) : j'ai une mémoire **VISUELLE**

J'ai un maximum de c.) : j'ai une mémoire **KINESTHÉSIQUE**

> Ma mémoire est : ....
> Cela veut dire que : ....

3. Quel est mon profil ?

(AUDITIVE)

« Je retiens les choses parce que je les entends. Je me souviens des mots du professeur. Pour apprendre ma leçon, je la lis plusieurs fois à voix haute. Puis, cahier fermé, je la récite. »

(VISUELLE)

« Je retiens les choses parce que je les vois. Quand je ferme les yeux, je me souviens encore de l'image ou du texte écrit au tableau. Pour apprendre mes leçons, je vais donc les lire plusieurs fois, faire un schéma ou un dessin. Puis, cahier fermé, je ferme les yeux pour voir si tout est dans ma tête. »

(KINESTHÉSIQUE)

« Je retiens les choses parce que je fais un geste ou je bouge. Pour apprendre ma leçon, je peux marcher, faire des gestes, écrire. Puis, cahier fermé, je récite la leçon avec les mêmes gestes ou je la réécris. »

vingt-cinq

Bilan — Unité 2

Grammaire

1. Complète les phrases avec le verbe « faire » + « du », « de la » ou « de l' ». (3 points)

a. Lundi, je .... boxe.
b. Mes amis .... équitation.
c. Léo et moi .... skate sur la place.
d. Vous .... ski cet hiver ?
e. Génial, tu .... escrime.
f. Cet été, Sophie et Ainhoa .... voile.

2. Complète les phrases avec le verbe « jouer ». (2,5 points)

a. Julie .... au badminton.
b. Nous .... au basket.
c. Vous .... au football.
d. Mon père .... au golf.
e. On .... au ping-pong.

3. Complète les phrases avec le verbe « jouer » + « au », « du » ou « de la ». (3 points)

a. Je .... guitare.
b. Tu .... piano.
c. Ils .... rugby.
d. Marco .... tennis.
e. Mes amies .... clarinette.
f. Elles .... volleyball.

4. Complète avec les pronoms toniques. (3,5 points)

a. ...., je vais bien.
b. Mes parents, ..., sont en vacances.
c. Et ...., comment allez-vous ?
d. ...., nous parlons allemand, et Gino, ..., parle italien.
e. Jean, ..., est dynamique et patient mais Marie, ..., est autoritaire.

5. Conjugue le verbe « jouer » au présent. (1 point)

Jouer : ....

6. Entoure la bonne réponse. (1 point)

a. Le lundi, je *fais / fait* du sport.
b. Nous jouons *au / du* football.
c. Vous *fait / faites* vos devoirs maintenant.
d. Alban joue *du / de la* piano.

Vocabulaire

🔊 7. Écoute et complète. (3 points)

Pendant les vacances, le matin, je fais du .... L'après-midi, je fais du .... avec mes amis. Nous jouons au .... Nous aimons aussi voir des .... au cinéma. Le soir, parfois, nous dînons au .... Cet été, je voudrais aussi prendre des cours de .... J'adore les mangas !

8. Écris le nom des sports. (3 points)

a. .... b. .... c. ....

d. .... e. .... f. ....

g. .... h. .... i. ....

Total : ... / 20

Unité 3

J'apprends à :
- parler des voyages
- décrire un lieu
- dire le temps qu'il fait
- me situer dans l'espace

[Mon tour d'Europe]

Séance 1 — Où tu vas ? Unité 3

🔊 16 1. Écoute et dis où ils vont en vacances.

a. .... c. ....

b. .... d. ....

2. Écris 6 phrases avec un élément de chaque colonne.

Exemple : *Nous allons à la mer.*

Nous	vais	aux	mer
Tu	vas	à la	Madrid
Je	allons	à l'	cinéma
Vous	va	au	opéra
Il / Elle / On	vont	à	concert
Ils / Elles	allez	au	États-Unis

a. ....
b. ....
c. ....
d. ....
e. ....
f. ....

3. Complète les phrases avec le verbe « aller » + « à la », « au » ou « à l' ».

> **Nouveau message**
> À : Tristan@postmail.com
> Objet :
> De :
>
> Bonjour cousin,
> Cette année avec mes parents et ma petite sœur, nous .... campagne. Je .... piscine tous les jours. Ma sœur .... concert le dimanche après-midi. Mes parents .... restaurant le soir. Et vous, vous .... hôtel ? Est-ce que tes amis aussi .... la montagne ?
> Bises
> Tristan

4. Entoure le bon pronom tonique.

a. *Moi / Toi*, je vais au cinéma.
b. *Vous / Nous*, vous allez au club de tennis.
c. *Nous / Eux*, ils vont à Genève.
d. *Lui / Elle*, il va à la maison.

5. Écris les phrases avec le verbe « aller » + « à la », « au », « à l' » et le lieu entre parenthèses.

Exemple : *(Moi) (Marseille) → Moi, je vais à Marseille.*

a. (Vous) (plage) → ....
b. (Elle) (collège) → ....
c. (Eux) (médiathèque) → ....
d. (Toi) (Disneyland) → ....
e. (Nous) (mer) → ....

Séance 2 — Je viens d'Espagne

Unité 3

🔊 17 1. Écoute et trouve le bon pays.

a. .... b. .... c. .... d. .... e. ....

2. Complète avec les articles « le », « la », « les » et les prépositions « en » ou « à ». Pense aux articles contractés (« au », « aux »).

Exemple : *La France → On va en France.*

a. .... Belgique → On va ....
b. .... Pays-Bas → On va ....
c. .... Luxembourg → On va ....
d. .... Grèce → On va ....
e. .... Portugal → On va ....

3. Complète avec le verbe « venir ».

a. On .... du collège.
b. Elles .... de Berlin.
c. Ils .... d'Amsterdam.
d. Tu .... de Cadiz.
e. Nous .... de la maison.

🔊 18 4. Tu entends [j] ou [ɥ] ? Écoute et coche la bonne case.

	a.	b.	c.	d.	e.	f.	g.
[j]							
[ɥ]							

5. Écris 6 phrases avec un élément de chaque colonne.

Exemple : *Tu viens de France.*

Nous	vient		Portugal
Tu	vient	de	Espagne
Je	venons	du	France
Vous	viennent	des	Allemagne
Il / Elle / On	venez	d'	Canada
Ils / Elles	viens		Pays-Bas

a. ....
b. ....
c. ....
d. ....
e. ....
f. ....

6. Écris des phrases avec les mots entre parenthèses.

Exemple : *(Ils) (venir) (Espagne) → Ils viennent d'Espagne.*

a. (On) (venir) (Italie) → ....
b. (Tu) (venir) (cinéma) → ....
c. (Cet été) (nous) (aller) (Rome) → ....
d. (Je) (aller) (montagne) → ....
e. (Vous) (venir) (stade de sport) → ....
f. (Ils) (aller) (campagne) → ....

Séance 3 — Il fait beau ?

Unité 3

🔊 19 1. Écoute et devine la saison.

a. .... c. ....

b. .... d. ....

2. Associe chaque phrase avec la bonne saison. Plusieurs réponses sont parfois possibles.

a. Il y a du vent.

b. Il fait très chaud.

c. Il pleut.

d. Il fait beau.

e. Il neige.

f. Il fait très froid.

| automne |
| hiver |
| printemps |
| été |

🔊 20 3. Écoute et réponds.

a. Quelle est la nationalité des habitants de la Martinique ? ....

b. Quel est le climat de la Martinique ? ....

c. Combien de saisons il y a à la Martinique ? ....

d. Comment s'appellent les saisons :

– de novembre à février ? ....

– de mars à avril ? ....

– de mai à octobre ? ....

4. Complète le bulletin météo.

a. Aujourd'hui, ... sur toute la Belgique (froid).

b. À Ostende, il y a .... (brouillard).

c. Au centre du pays, ... (beau), ... (soleil) (vent).

d. À Charleroi et à Bruxelles .... (pluie) (soleil).

e. Au sud-est, ... (vent) (nuages).

30 trente

Séance 4 — Tu vas chez Lola ?

Unité 3

1. Reconstitue les phrases.

a. ses / Marco / grands-parents. / Pendant / les vacances, / va / chez
....

b. font / Théo / un stage / et Julia / de / campagne. / théâtre / à la
....

c. passe / chez / Anaïs / sa copine Flora. / les vacances
....

d. Espagne / parents / grand-mère. / Mes / en / chez / ma / vont
....

2. Complète avec « chez », « à la » ou « à l' ».

a. Il va .... campagne.

b. Nous allons souvent .... nos grands-parents.

c. Ils vont .... mer une semaine cet été !

d. Léo, tu vas .... Marie pour les vacances ?

e. Je vais .... étranger au mois de juillet.

3. Associe les textes aux photos.

a.

b.

c.

1. Pendant les vacances, Natacha aime faire la sieste, être au calme, lire.

2. Hugo et ses amis aiment le sport, la plongée, la randonnée... Ils sont très actifs.

3. Pendant les vacances, Yumé aime voyager. Elle adore les visites : villes, monuments, musées.

5. Et toi, qu'est-ce que tu aimes faire pendant les vacances ?

....
....
....
....
....
....

Séance 5 — Je voyage en Europe — Unité 3

1. Associe chaque phrase à un lieu.
a. Il y a des bateaux-mouches.
b. C'est calme, il y a des champs et des fleurs.
c. Il y a de nombreux monuments historiques de l'époque des Romains.
d. Il y a des vagues, du sable, beaucoup de monde.

- la campagne
- la Seine
- la mer
- Rome

2. Complète avec les adjectifs. Fais les accords nécessaires.
a. Ma ville est une ville (grand) (moderne). ....
b. Il y a beaucoup de bâtiments (neuf) (magnifique). ....
c. On peut aussi visiter des musées (nouveau). ....
d. Les quartiers résidentiels sont (calme). ....
e. Les quartiers du centre sont (animé) de jour comme de nuit. ....
f. Les rues sont (large). ....
g. On trouve de (grand) parcs, très (romantique). ....

3. À ton tour maintenant ! Décris ta ville. Aide-toi des questions.
a. Dans quelle région se trouve ta ville ? ....
b. Est-ce qu'il y a des montagnes, la mer, une rivière ? ....
c. Quels sont les monuments les plus importants de ta ville ? ....
d. Tu habites dans une ville agricole, industrielle ou touristique ? ....
e. Quelles sont les activités proposées dans ta ville ? ....

4. Fais une recherche sur l'union européenne. Tu peux utiliser Internet.
a. Combien de pays forment l'union européenne ? ....
b. Combien d'habitants compte l'union européenne ? ....
c. Cite deux institutions politiques de l'union européenne ? ....
d. Quelle est la monnaie de l'union européenne ? ....
e. Cite des capitales européennes. ....

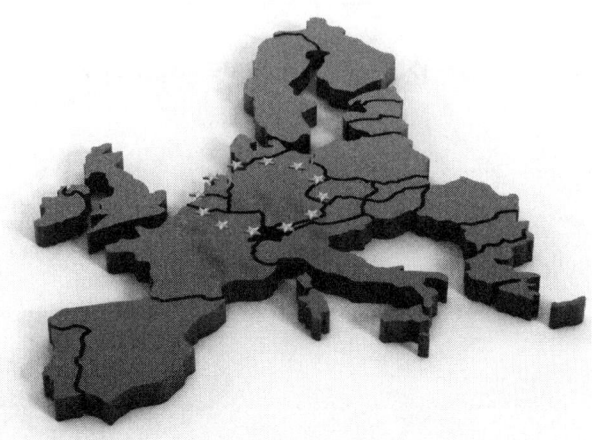

Lecture

Unité 3

1. Lis le texte et réponds.

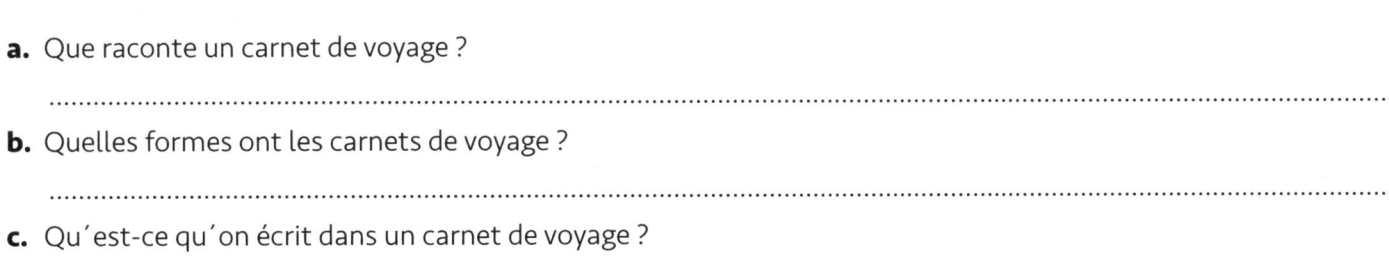

Réaliser un carnet de voyage

Tout le monde peut faire un carnet de voyage. Un carnet de voyage raconte les souvenirs d'un voyage réel ou imaginaire.

Pour faire ton carnet de voyage, tu as besoin de feutres ou de crayons de couleurs, d'une paire de ciseaux, d'un tube de colle, de scotch et d'un appareil photo.

Tu peux acheter un joli carnet ou tu peux le fabriquer toi-même. Il y a des carnets de voyage avec des formes originales en accordéon, en étoile, etc. On peut utiliser une multitude de papiers différents.

Dans un carnet de voyage, on décrit les paysages, ses émotions, les rencontres et les grands moments du voyage. On peut coller des timbres, des affiches, des billets de banque, des tickets de transport et de musée, des recettes, des poèmes …

Les photographies sont des éléments très importants du carnet de voyage. Pour chaque photo, écris une petite description ou un commentaire.

a. Que raconte un carnet de voyage ?

....

b. Quelles formes ont les carnets de voyage ?

....

c. Qu'est-ce qu'on écrit dans un carnet de voyage ?

....

Apprendre à apprendre

Unité 3

Comment décrire une ville

1. Réponds aux questions. Coche la bonne case.

	Oui	Non
a. Est-ce que je sais expliquer en français où j'habite dans la ville ?	☐	☐
b. Est-ce que je sais citer le nom de villes françaises ?	☐	☐
c. Est-ce que je sais citer le nom de monuments français ?	☐	☐
d. Est-ce que je sais lire une carte française ?	☐	☐
e. Est-ce que je sais dire le temps qu'il fait dans ma ville ?	☐	☐

2. Fais une recherche sur Lausanne, lis les conseils et réponds.

> Quand on décrit une ville, il faut donner des informations comme : le nom, la taille, le type de ville, le lieu, les événements importants (fêtes de la ville, festivals), ou typiques (climat, fleuve, montagnes, pistes de ski, monuments, gastronomie).

a. Où se trouve Lausanne ?
....

b. C'est une ville industrielle, agricole, universitaire ou plutôt touristique ?
....

c. Combien d'habitants y a-t-il dans votre ville ?
....

d. Il y a des montagnes à côté ? Elle est près de la mer ?
....

e. Comment s'appelle le fleuve le plus proche ?
....

f. Quels sont les monuments les plus importants ?
....

g. Qu'est-ce qu'on peut faire dans la ville ?
....

h. Est-ce qu'il manque quelque chose à Lausanne, à ton avis ?
....

i. Tu aimerais vivre à Lausanne ?
....

Bilan

Unité 3

Grammaire

1. Complète les phrases avec le verbe « aller » + « à la », « au », « aux » ou « à l' ». (3 points)

a. Tu .... cantine.
b. Yasmina .... cours de judo.
c. Nous .... montagne.
d. Ils .... école.
e. Je .... Pays-Bas.
f. Vous .... piscine ?

2. Écris les pronoms toniques correspondants aux pronoms personnels. (2 points)

je : ....   tu : ....   il : ....
nous : ....   vous : ....   ils : ....

3. Entoure la bonne réponse. (2 points)

a. J'habite *au / aux / en / à* Autriche.
b. Nous sommes *au / aux / en / à* Berlin.
c. Mon correspondant est *au / aux / en / à* États-Unis.
d. Mon oncle travaille *au / aux / en / à* Portugal.

4. Complète avec le verbe « venir » puis conjugue à la personne indiquée. (1,5 point)

Exemple : On .... à la maison. (Je)
→ On vient à la maison. Je viens à la maison.

a. Je .... avec mes amis. → Nous ....
b. Il .... de la piscine. → Elles ....
c. Vous .... du concert de hip-hop.
   → Tu ....

5. Complète avec les verbes « aller » ou « venir ». (3,5 points)

a. Nous .... en France.
b. Vous .... du Canada.
c. Tu .... aux États-Unis.
d. On .... à Genève.
e. Je .... de la maison.
f. Elles .... au cours de hip-hop.

6. Mets les phrases au futur proche. (2,5 points)

a. Nous achetons des fraises.
....
b. Je vais à Paris.
....
c. Nous visitons la région.
....
d. Ils regardent un film à la télévision.
....
e. Tu prépares le dîner.
....

Vocabulaire

7. Reconstitue les noms des pays de l'Union Européenne. (2 points)

a. eeliguqB : ....
b. gruobmexuL : ....
c. cheAutri : ....
d. eMlat : ....

🔊 21 8. Écoute les prévisions météo et dis à quelle saison elles correspondent. (1 point)

a. ....   c. ....
b. ....   d. ....

Phonétique

🔊 22 9. Écoute, entoure le son [j] et souligne le son [ɥ]. (2,5 points)

a. La fille voyage en Suisse.
b. Je suis en vacances à Séville, en Espagne.
c. Elle achète un billet d'avion.
d. Camille n'aime pas la pluie.
e. Sa famille est là pour huit jours.

Total : ... / 20

Unité 4

J'apprends à :
- dire et demander l'heure
- lire et comprendre un règlement
- décrire mon collège
- parler des matières scolaires
- raconter une journée au collège

[Mon collège et moi]

Séance 1 — **Mon collège, il est bio !** — Unité 4

🔊 23 1. Écoute et dis quel est le lieu du collège.

a. ....
b. ....
c. ....
d. ....
e. ....

2. Complète avec « quel », « quels », « quelle » ou « quelles ».

a. .... est ton niveau d'anglais ?
b. .... est votre programme en français ?
c. .... matière scolaire tu préfères ?
d. .... chansons tu préfères en français ?
e. .... études tu veux faire ?
f. .... équipements sportifs il y a dans ton collège ?

3. Observe ces photos et écris des questions avec « quel », « quels », « quelle » ou « quelles ».

a. ....
b. *Quel est ton pays ?*
c. ....

4. Complète les phrases avec les lieux du collège.

a. – Je suis malade.
   – Va à ....

b. C'est l'heure de manger, nous allons à .... ?

c. J'aime faire des expériences avec des produits chimiques dans ....

d. C'est l'heure de la pause. Génial, on va jouer dans ....

e. – J'aimerais parler à Monsieur Vial.
   – Il est en réunion avec les autres enseignants dans ....

f. – Je ne sais pas où trouver ce livre.
   – Cherche au .... tu vas le trouver.

5. Imagine un collège idéal. Cherche des photos sur Internet et décris le collège.

....
....
....
....
....

Séance 2 — Quelle heure est-il ?

Unité 4

24 1. Écoute et associe avec la bonne horloge.

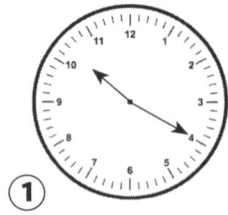 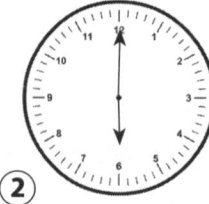  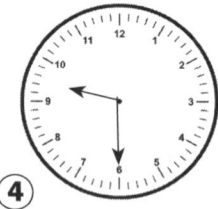

① Texte .... ② Texte .... ③ Texte .... ④ Texte ....

2. Observe et dis l'heure.

  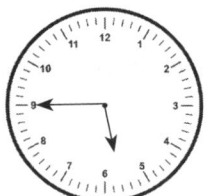 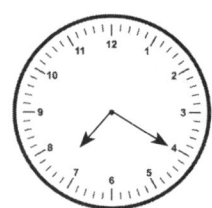

a. .... b. .... c. .... d. ....

25 3. Écoute et associe avec le bon moment de la journée.

En France :
Le matin, c'est de 7 h à 12 h.
L'après-midi, c'est de 12 h à 18 h.
La soirée, c'est de 18 h à 22 h.
La nuit, c'est de 22 h à 7 h.

① matin — Phrases ....
② après-midi — Phrases ....
③ soirée — Phrases ....
④ nuit — Phrases ....

4. Écris l'heure.
a. 2 heures après 11 h : ....
b. 10 heures après 9 h : ....
c. 1 heure 45 après 8 h : ....
d. 3 heures avant 19 h : ....
e. 4 heures avant 23 h : ....
f. 1 minute avant 20 h : ....

5. Complète le dialogue.
– .... quelle heure ?
– Il est 15 ....
– Oh non, je suis .... ! Toi aussi ?
– Non, moi ça va, je suis ....

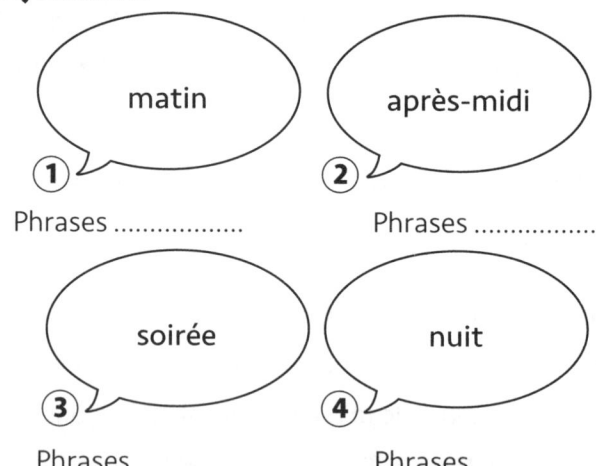

Séance 3 — Combien font 12 fois 64 ? — Unité 4

🔊 26 1. Écoute et associe.

1. Éducation physique et sportive — Phrase ....
2. Sciences de la vie et de la Terre — Phrase ....
3. Technologie — Phrase ....
4. Langues vivantes — Phrase ....

2. Devine de quelle matière scolaire il s'agit.

a. On apprend à utiliser des logiciels sur des ordinateurs. → ....
b. On apprend des dates et des événements importants. → ....
c. On apprend à dessiner et à peindre. → ....
d. On court, on saute, on nage, on joue en équipe. → ....
e. On fait des expériences avec une blouse blanche. → ....
f. On fait des calculs avec des chiffres et des symboles. → ....

3. Observe les récompenses et note la matière scolaire correspondante.

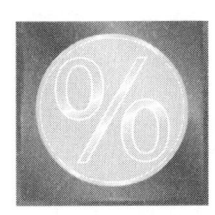  

DIPLÔME DE FRANÇAIS
Félicitations au grand gagnant !
Xavier Campos

a. .... b. .... c. ....

4. Écris une phrase sur ta matière scolaire préférée. Aide-toi des phrases de l'exercice 2.

....

5. Lis et associe.

a. Ce matin à la récréation on propose des gâteaux pour 5 euros. C'est pour le voyage de fin d'année à Paris. On organise aussi une tombola.
b. Le collège a 50 ans aujourd'hui ! On fait une grande fête avec de la musique et des jeux. Les cours se terminent à 15 h pour faire la fête, c'est super !
c. Aujourd'hui, les enfants de l'école primaire des Lilas sont dans notre collège. Ils visitent les salles de classes. On parle de notre collège.
d. Aujourd'hui, des spécialistes de la santé sont au collège. Ils expliquent les dangers de la cigarette et des autres drogues.
e. Aujourd'hui, c'est une super journée au collège ! On peut manger des aliments du monde entier.

1. une journée du goût
2. une journée portes ouvertes
3. la fête d'anniversaire du collège
4. une collecte d'argent pour un projet
5. une journée de prévention contre la drogue

trente-neuf 39

Séance 4 — Elles s'adorent ! — Unité 4

1. Écoute et remets les dessins dans l'ordre. Numérote-les.

a. .... b. .... c. .... d. ....

e. .... f. .... g. ....

2. Réponds comme dans l'exemple.

Exemple : *Tu te lèves à 7 heures ou à 8 heures le matin ? Je me lève à 7 heures.*

a. Tu te maquilles ou tu ne te maquilles pas pour le spectacle ? ....
b. Vous vous entraînez pour la compétition ou pour le plaisir ? ....
c. Tu te laves avant ou après la piscine ? ....
d. Tu t'habilles en noir ou en blanc pour le défilé de mode ? ....
e. Vous vous aimez ou vous vous détestez ? ....

3. Écoute et associe.

1. Que fait ta sœur ?
2. Thomas ! Tu te réveilles ? Il est 7h10 !
3. Léa tu es où ?
4. Agathe et Mélissa, vous êtes où ?

a. Je me douche !!!
b. Dans la salle de bains, nous nous coiffons !
c. Elle est dans la salle de bains. Elle se brosse les dents.
d. Oui maman, je me réveille.

4. Réécris le texte à la première personne du pluriel.

Je me prépare pour le spectacle de fin d'année. Dans la loge, je m'habille avec mon costume. Je me maquille et je me coiffe devant la glace. Je m'entraîne à articuler. J'ai peur mais je me dis que ça va être super et que le public va adorer !
Nous nous ....

5. Complète les phrases. Utilise les verbes pronominaux de la leçon.

Exemple : *Quand c'est l'heure de dormir, je me couche.*

a. Quand le réveille sonne : je ....
b. Quand elle est sous la douche : elle ....
c. Quand tu es dans la salle de bains : tu ....
d. Quand je suis dans mon club d'athlétisme : je ....

Séance 5 — Un peu de discipline   Unité 4

1. Pour chaque panneau, écris une phrase à l'impératif négatif.

Exemple :  Ne fume pas !

a. .... b. .... c. .... d. ....

🔊 29 2. Écoute et associe.

  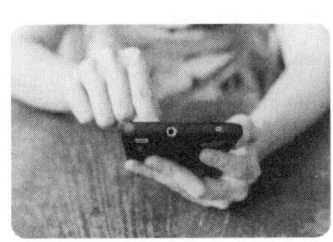 

① Phrase .... ② Phrase .... ③ Phrase .... ④ Phrase ....

🔊 30 3. Écoute et réponds : vrai ou faux ?

	Vrai	Faux
a. Théo ne peut pas appeler avec son portable.	❏	❏
b. Théo prête son portable à sa sœur.	❏	❏
c. Théo peut téléphoner avec le portable de sa mère.	❏	❏
d. La sœur de Théo ne doit pas savoir.	❏	❏

4. Lis le dialogue et entoure les impératifs négatifs.

– Ne pars pas, je t'aime !
– Ne discute pas avec moi. Je ne t'aime pas.
– Ne parle pas comme ça avec moi.
– Ne me regarde pas comme ça.
– Ne dis rien. Pars !

5. Invente un petit dialogue et écris-le.

Exemples de situations :

Situation 1 : deux amis ou deux ennemis   *Situation 2 : un enfant et ses parents*   *Situation 3 : un élève et un professeur*

....
....
....
....

Lecture

Unité 4

Lis le forum et réponds.

Forum ados
Pour ou contre les notes à l'école ?

Lara : 12 ans
Je suis pour. Les notes c'est important pour connaître son niveau.

Amandine : 14 ans
Je suis contre ! Des chiffres pour décider de notre avenir, c'est stupide.

Soline : 13 ans
C'est vrai. À l'école, on apprend pour avoir des notes. Je trouve ça nul...

Lucas : 11 ans
Enlever les notes c'est impossible ! Les notes sont obligatoires pour réussir.

Benjamin : 13 ans
Ce n'est pas vrai. En Suède il n'y pas de notes et les résultats sont très bons.

Kevin : 12 ans
Je suis d'accord avec Benjamin. J'aimerais remplacer les notes par quelque chose : des appréciations, des couleurs etc.

Lily : 15 ans
Des couleurs ou des chiffres c'est la même chose ! Changer l'évaluation c'est plus compliqué. C'est accompagner les élèves au lieu de juger.

a. Qui est pour les notes ?
....

b. Quel est l'intérêt des notes pour Lara ?
....

c. Pourquoi Soline est contre les notes ?
....

d. Dans quel pays il n'y a pas de notes à l'école d'après Benjamin ?
....

e. Que penses-tu ? Écris ton avis sur le forum.
....

Apprendre à apprendre

Unité 4

Demander et dire l'heure

1. Réponds : vrai ou faux ?

	Vrai	Faux
a. Je m'entraîne à dire l'heure en français quand je regarde ma montre.	❏	❏
b. Je suis bien attentif quand je regarde l'heure.	❏	❏
c. Je lis plus facilement l'heure sur une horloge numérique.	❏	❏
d. J'identifie mes difficultés pour corriger mes erreurs.	❏	❏
e. J'ai l'habitude de dire 2 h au lieu de 14 h dans ma langue.	❏	❏

🔊 31 2. Écoute et écris.

a. .... c. .... e. ....

b. .... d. .... f. ....

3. Demande l'heure à ton voisin puis regarde ta montre. Comparez les éventuelles différences.

4. Associe les horloges.

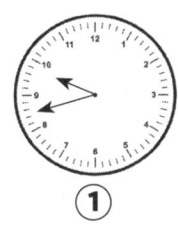 ① 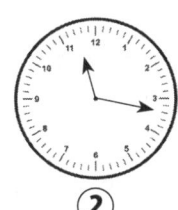 ② 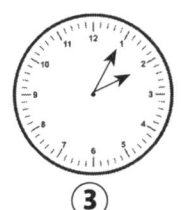 ③  ④

a.  14:05   b.  9:42   c. 11:17   d. 16:22

5. Observe ces horloges. Ferme le livre puis écris les heures de mémoire.

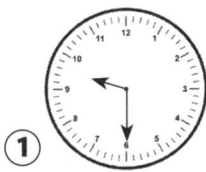 ① 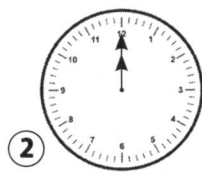 ② 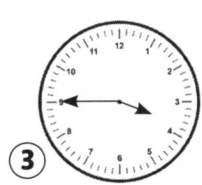 ③ 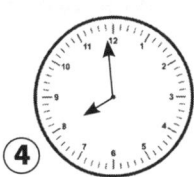 ④

6. Prononce ces heures à voix haute.

 a   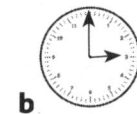 b   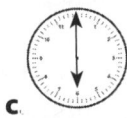 c    d    e    f

7. Complète comme dans l'exemple.

Exemple : *Il est 9 h du soir = Il est 21 h.*

a. Il est 1 heure de l'après-midi = ...   c. Il est 6 heures de l'après-midi = ...   e. Il est 11 heures du soir = ...

b. Il est 3 heures de l'après-midi = ...   d. Il est 10 h 15 du soir = ...   f. Il est 8 heures du soir = ...

quarante-trois 43

Bilan

Unité 4

Vocabulaire

1. Écoute, observe les plannings et réponds. (1,5 point)

MERCREDI
Hugo :
- 08h30 / 09h25 : Éducation musicale
- 09h30 / 10h25 : Histoire-Géographie
- 10h25 / 10h45 : Récréation
- 10h45 / 11h40 : Français
- 11h45 / 12h40 : Mathématiques
- 14h30 / 15h30 : Cours particulier d'anglais

MERCREDI
Valentin :
- 08h30 / 09h25 : SVT
- 09h30 / 10h25 : Français
- 10h25 / 10h45 : Récréation
- 10h45 / 11h40 : EPS
- 11h45 / 12h40 : Arts plastiques
- 16h30 / 18h00 : Cours de karaté

MERCREDI
Alya :
- 08h30 / 09h25 : Mathématiques
- 09h30 / 10h25 : Anglais
- 10h25 / 10h45 : Récréation
- 10h45 / 11h40 : Histoire-Géographie
- 11h45 / 12h40 : Technologie
- 18h00 / 19h00 : Club de volley-ball

a. Qui peut s'inscrire au théâtre ? ....
b. Hugo peut-il faire du hip-hop ? ....
c. Qui ne peut pas s'inscrire au Judo ? ....

2. Complète les phrases avec les lieux du collège. (2,5 points)

a. Les élèves mangent à la ....
b. On trouve des livres et des encyclopédies au ....
c. On fait de l'informatique dans ....
d. Quand on est malade on va à ....
e. Les élèves font du sport dans le ....

3. Écris l'heure. (1,5 point)

a. .... b. .... c. ....

Grammaire

4. Complète avec « quel », « quels », « quelle » ou « quelles ». (2,5 points)

a. – Il est .... heure s'il vous plaît ?
   – Il est 14 h.
b. – .... sont les classes de monsieur Durand cette année ?
   – Il a les 6ᵉ B et les 5ᵉ C
c. – Vous avez .... livres en français ?
d. – Vous cherchez .... titre ?
e. – Elle préfère .... matière ?

5. Conjugue le verbe « s'entraîner » au présent. (3 points)

....
....

6. Conjugue. (3 points)

Exemple : *Coiffer (je) : Je me coiffe*

a. Lever (je) ....
b. Doucher (tu) ....
c. Maquiller (elle) ....
d. Préparer (nous) ....
e. Détester (ils) ....
f. Réveiller (on) ....

7. Transforme à l'impératif négatif. (3 points)

a. Cours ! .... d. Bouge ! ....
b. Mange ! .... e. Sors ! ....
c. Téléphone ! .... f. Crie ! ....

Phonétique

8. Lis le texte à haute voix. Indique les liaisons. (3 points)

– Tu as cours à quelle heure ?
– J'ai cours à 17 heures. Quelle heure est-il ?
– 16 h 55 !
– Oups ! Je suis en retard pour mon cours !

Total : ... / 20

Unité 5

J'apprends à :
- décrire ma maison
- parler du mobilier
- situer des éléments dans l'espace
- parler des tâches ménagères
- raconter une journée à la maison
- utiliser le vocabulaire de l'informatique

[Ma vie d'ado]

Séance 1 — On va rénover ! — Unité 5

🔊 33 1. Écoute. Quel plan correspond au trajet de la visite ?

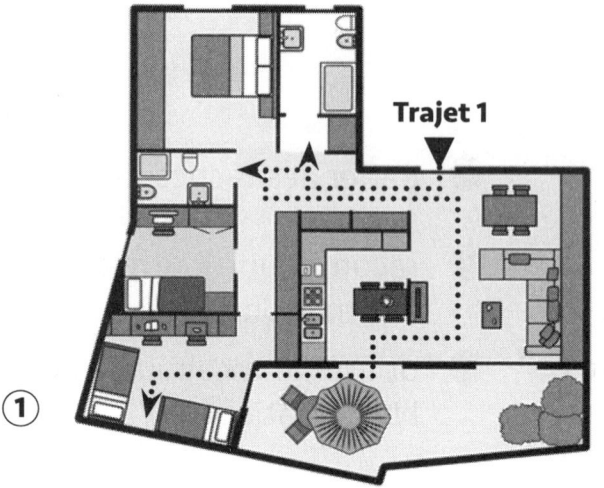
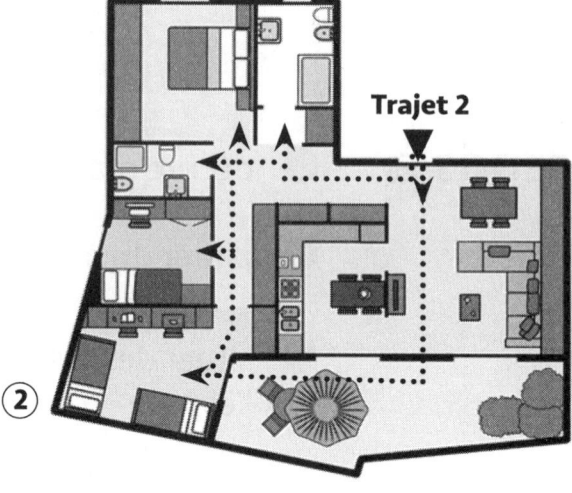

🔊 34 2. Écoute et associe.

1. Phrase .... 2. Phrase .... 3. Phrase .... 4. Phrase ....

3. Complète les phrases avec les lieux de la maison.

a. Je fais à manger dans ....
b. Je dors dans ....
c. Je prends une douche dans ....
d. Nous prenons nos repas dans ....
e. Je regarde des films le soir avec ma famille dans ....
f. L'été, on dîne sur ....

4. Conjugue les verbes entre parenthèses au futur proche.

a. Mes parents .... (acheter) une nouvelle maison.
b. Je .... (avoir) une nouvelle chambre.
c. Ma sœur .... (décorer) sa chambre avec des affiches.
d. Demain, nous .... (rencontrer) les voisins.
e. Vous .... (aimer) ma nouvelle maison. Elle .... (être) magnifique !

5. Termine les phrases. Utilise le futur proche.

Exemple : *Je pars en vacances. Demain, je vais partir en vacances.*

a. Il regarde la télévision. Dans 5 minutes, ...
b. Nous faisons une fête. Vendredi, ...
c. On change de maison. Dans une semaine, ...
d. J'ai un super bureau. Dans quelques jours, ...
e. Ils jouent avec les voisins. Tout à l'heure, ...

Séance 2 — Au fond, à droite

Unité 5

35 1. Écoute et réponds : vrai ou faux ?

	Vrai	Faux
a. Les personnes achètent des meubles sur Internet.	❏	❏
b. Il faut acheter des chaises et une table pour le salon.	❏	❏
c. Elles préfèrent les chaises bleues.	❏	❏
d. La lampe est pour la chambre d'Anna.	❏	❏

2. Complète les phrases.

a. Mets le gâteau dans le .... 20 minutes au thermostat 8.

b. Prends les yaourts dans le ....

c. Il n'y a plus de place sur le canapé. Assieds-toi sur le ....

d. Allume la .... , il fait noir dans cette pièce.

e. Maeva, tu es où ?
– Je prends un bain dans la ....

f. Je suis fatigué, je vais dormir dans mon ....

36 3. Écoute le message et trouve les clefs de Xavier sur le dessin.

4. Complète avec : « à gauche », « devant », « dans », « sur ».

a. Jade est .... l'ordinateur.

b. L'ordinateur est .... la table.

c. La guitare est .... de l'étagère.

d. Les livres sont .... l'étagère.

5. Décris les meubles de ta chambre. Situe-les. Utilise les mots du livre page 47.

....
....
....
....

Séance 3 — **Je range** — Unité 5

🎧 37 1. Écoute et associe.

1. Phrase .... **2.** Phrase .... **3.** Phrase .... **4.** Phrase ....

2. Complète les tâches ménagères.

a. Passer l'..
b. .... le sol.
c. .... la vaisselle.
d. Mettre la ....
e. Sortir les ....
f. .... les vitres.

3. Conjugue les verbes au présent progressif à la personne indiquée.

a. balayer le sol (nous). → ....
b. faire la vaisselle (il). → ....
c. faire le ménage (on). → ....
d. étendre le linge (tu). → ....
e. porter les cartons (elles). → ....
f. ranger le bureau (vous). → ....

🎧 38 4. Écoute. Que fait la machine ?

....

5. Quelle tâche ménagère tu préfères ? Quelle tâche ménagère tu n'aimes pas ?

....
....

6. Recherche sur Internet des machines d'électroménager originales pour préparer l'activité 5 du livre.

Exemples : *un réfrigérateur connecté à Internet, une cafetière intelligente, une assiette musicale etc.*

quarante-huit

Séance 4 — On s'occupe — Unité 5

🔊 39 1. Écoute le dialogue et réponds : vrai ou faux ?

	Vrai	Faux
a. Ce soir c'est l'anniversaire d'Océane.	❏	❏
b. Les parents de Mathilde sont stricts.	❏	❏
c. Mathilde surfe sur Internet.	❏	❏
d. Mathilde doit se coucher à 9 heures.	❏	❏
e. Océane peut surfer sur Internet dans sa chambre.	❏	❏
f. Océane doit se coucher à 10 heures.	❏	❏

2. Complète les phrases avec les verbes « lire », « regarder », « surfer », « poster », « faire ».

a. .... sur Internet.

b. .... un manga.

c. .... ses devoirs.

d. ....une vidéo.

e. .... des photos sur Internet.

🔊 40 3. Écoute et associe.

a. Communiquer sur les réseaux sociaux. → texte ....

b. Jouer avec ses frères et sœurs. → texte ....

c. Regarder des photos. → texte ....

d. Écouter de la musique. → texte ....

e. Regarder la télévision. → texte ....

4. Retrouve le vocabulaire informatique.

a. TABL.......T......E   b. O.......DINATE.......R   c. CL......VIE......   d. S......UR......S   e. ....EBCA.......

🔊 41 5. Écoute et écris les numéros gagnants.

Souris d'ordinateur : n° ....   Smartphone : n° ....

Clavier d'ordinateur : n° ....   Tablette : n° ....

Webcam : n° ....   Ordinateur : n° ....

6. Classe ces occupations par ordre de préférence.

c. Jouer avec ses frères et sœurs : n° ....

a. Faire ses devoirs : n° ....

e. Écouter de la musique : n° ....

d. Surfer sur Internet : n° ....

b. Lire un livre : n° ....

f. Regarder la télévision : n° ....

Séance 5 — C'est ma chambre ! — Unité 5

🔊 42 1. Écoute. À qui appartiennent les objets ?

2. Transforme les phrases avec un adjectif possessif comme dans l'exemple.

Exemple : *Les chaussures de Sarah : Ses chaussures.*

a. La maison de Tom et Laura : ………… maison.

b. Ton pantalon et ta chemise : ………… vêtements.

c. Les mangas de Max et Zoé : ………… mangas.

d. Le téléphone de Lucas : ………… téléphone.

🔊 43 3. Écoute et écris les mots quand tu entends le son [ɥ].

....

4. Souligne le son [ɥ].

a. Je suis Français.

b. J'aime les fruits frais.

c. J'ai huit souris grises.

d. La dame traduit en français.

e. Je cuisine à l'huile d'olive.

f. La nuit, je dors dans mon lit.

5. Observe la photo. Qu'est-ce qui appartient à Kevin ?

Exemple : *Son ballon*

....

....

....

6. Fais la liste des objets que tu as dans ton sac. Cherche dans le dictionnaire les mots que tu ne connais pas en français.

....

....

....

....

Lecture

Unité 5

Lis et réponds.

Les ados et le ménage

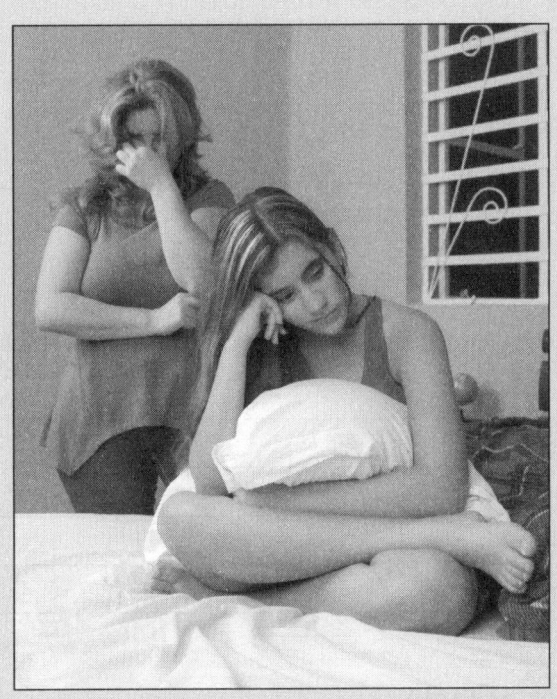

« **Range ta chambre !** » voilà une phrase bien connue des adolescents. Le ménage dans la chambre est la cause principale des disputes entre parents et adolescents. Il y a plusieurs genres de parents. Véronique donne de l'argent à ses enfants s'ils participent aux tâches ménagères. Tout le monde n'aime pas cette pratique. Certains parents pensent que participer aux tâches ménagères n'est pas un travail, c'est un devoir de l'adolescent. Martine a une technique originale : « Je donne à mon fils un sac poubelle et un chronomètre. Il a 15 minutes pour jeter les affaires inutiles dans sa chambre ». Pascal ne dit rien à Nathan, son fils de 14 ans. Quand la chambre est très sale il invite une copine de son fils à la maison. « Ça fonctionne très bien » affirme le père.

« **J'range !** » Maeva, 12 ans se révolte : « La chambre de mes parents est aussi en désordre, alors pourquoi ils insistent ?! ». Alexis aime bien aider ses parents « On écoute la musique très fort et on fait le ménage dans la maison, c'est cool. » Une étude récente prouve que les chambres des adolescents sont plus propres quand la relation avec les parents est positive.

a. Qui donne de l'argent pour aider au ménage ?
....

b. Quelle est la technique de Martine ?
....

c. Que fait Pascal ?
....

d. Pourquoi Maeva n'est pas contente ?
....

e. Qu'est-ce qu'Alexis apprécie ?
....

Apprendre à apprendre

Unité 5

Identifier et utiliser correctement les possessifs

1. Réponds : vrai ou faux ?

	Vrai	Faux
a. Pour identifier le bon possessif je me demande d'abord : – qui possède cette chose ; – de quoi on parle ; – si l'objet possédé est masculin ou féminin.	❑ ❑ ❑	❑ ❑ ❑
b. Je mémorise mieux les possessifs avec une image.	❑	❑
c. Je mémorise mieux les possessifs à l'oral.	❑	❑
d. Je confonds les possessifs masculins et féminins.	❑	❑
e. Je confonds les possessifs singuliers et pluriels.	❑	❑

🔊 44 2. Écoute et choisis la bonne réponse. Coche la bonne case.

	a.	b.	c.	d.	e.	f.	g.	h.
Une personne possède un objet								
Une personne possède plusieurs objets								
Plusieurs personnes possèdent un objet								
Plusieurs personnes possèdent plusieurs objets								

🔊 45 3. Écoute et associe.

① Phrase ………   ② Phrase ………   ③ Phrase ………   ④ Phrase ………

4. Observe et complète le tableau.

Les adjectifs possessifs						
Masculin	mon	ton	son	notre	votre	leur
Féminin	ma	ta	……….	notre	votre	leur
Pluriel	mes	……….	ses	nos	……….	leurs

5. À qui cela appartient ? À une personne ou à deux personnes ?

a. Notre chambre : …. b. Ma lampe : …. c. Mes clefs : …. d. Leurs livres : …. e. Ses étagères : ….

6. Parle-t-on d'une ou de plusieurs choses ?

a. Mes pantalons : ….   c. Leur cuisine : ….   e. Leurs chaises : ….
b. Ton armoire : ….   d. Son appartement : ….   f. Vos vélos : ….

Bilan — Unité 5

Vocabulaire

🔊 46 1. Écoute et trouve les pièces de la maison. (2,5 points)

a. ....   d. ....

b. ....   e. ....

c. ....

2. Devine et écris l'objet. (1,5 point)

a. Je suis un meuble. On pose des livres sur moi. Je suis une ....

b. Tu écris tes devoirs sur moi. Je suis un ....

c. On mange sur moi. Je suis ....

🔊 47 3. Écoute et réponds. (2 points)

a. Est-ce que Valentin aime faire la cuisine ?

....

b. Qui déteste faire le ménage ?

....

c. Qu'est-ce qui est cool pour Hugo ?

....

d. Axelle n'aime pas ranger sa chambre ou faire la vaisselle ?

....

4. Observe les dessins et écris les tâches ménagères. (1,5 point)

a. ....   b. ....   c. ....

5. Écris trois activités que tu fais à la maison. (1,5 point)

....

....

....

6. Écris le nom du matériel informatique. (1,5 point)

a. ....   b. ....   c. ....

Grammaire

7. Transforme les phrases au présent progressif. (2,5 points)

a. Nous faisons le ménage. ....

b. Il passe l'aspirateur. ....

c. Je range le salon. ....

d. Elle termine ses devoirs. ....

e. Ils font la vaisselle. ....

8. Conjugue le verbe « participer » au futur proche. (1,5 point)

....

9. Complète avec « mon », « ma » ou « mes ». (2,5 points)

Voici .... nouvelle chambre, ce sont .... vêtements et là c'est .... bureau.

Ici c'est la chambre de .... sœur et ici la chambre de .... parents.

10. Complète avec « notre », « votre », ou « leur ». (1,5 point)

a. Vous avez changé de ville. Comment est .... nouvelle maison ?

b. On peut aller chez Marion et Laurent, ... jardin est très grand.

c. Nous pouvons garer deux voitures dans .... garage.

Phonétique

11. Entoure le son [ɥ]. (1,5 point)

Aujourd'hui le cuisinier dit « je suis fatigué, je vais me coucher ».

Total : ... / 20

J'apprends à :
- comprendre des publicités
- parler de mes engagements
- comparer et commenter des prix
- comprendre, demander et donner des renseignements
- parler des états physiques
- exprimer la cause avec « pourquoi » et « parce que »

[Action !]

Séance 1 — Culture pub ! — Unité 6

🔊 48 1. Écoute et complète.

– Waouh, elles sont géniales tes …………… !
– C'est des XXR.
– J'adore cette …………… ! Mais ces chaussures sont très chères…
– Mais non ! Elles sont à …………… chez PromoTout ! Il y a une …………… .
– Qu'est-ce que c'est PromoTout ?
– Tu ne connais pas PromoTout ?!!!
– Non…
– Leur …………… passe tous les jours à la télévision ! Leur …………… c'est « Des petits …………… , des grandes économies ! ». On peut aller dans le magasin ensemble ce soir, c'est à côté de chez moi.
– Ok, super !

2. Complète avec « ce », « cet », « cette » ou « ces ».

a. J'adore ………… publicité !
b. Chocobon et Chocoplus ? ………… marques sont nouvelles ?
c. ………… spot publicitaire est très réussi.
d. Dommage, ………… article est très cher !
e. Nous préférons ………… logo. Il est mieux.
f. ………… année, il y a beaucoup de promotions.

🔊 49 3. Écoute et associe.

1.
Phrase …………

2.
Phrase …………

3.
Phrase …………

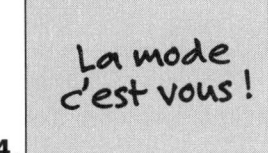
4.
Phrase …………

5.
Phrase …………

4. Entoure la bonne proposition.

a. Chanel est une *marque / promotion* d'articles de luxe.
b. « Un café nommé désir. » : ce *slogan / article* est parfait !
c. Il y a beaucoup de *marque / publicité* à la télévision. Je n'aime pas ça !
d. Tu as vu le nouveau *slogan / logo* de Chocobon. Il est magnifique !

Séance 2 — Les soldes c'est moins cher ! — Unité 6

🔊 50 1. Écoute et réponds : vrai ou faux ?

	Vrai	Faux
a. Les prix sont plus chers chez Média+.	❏	❏
b. Il y a plus de choix dans le magasin PromoTout.	❏	❏
c. Chez PromoTout, la qualité est moins bonne.	❏	❏
d. Le magasin BipExpert est aussi bien que Média+.	❏	❏
e. C'est plus cher d'acheter sur Internet.	❏	❏

2. Utilise les comparatifs pour donner ton avis personnel.

a. Le football est .... intéressant que le volleyball.

b. Le ski est .... difficile que le snowboard.

c. Le premier prix est de / d' .... bonne qualité que les autres articles.

d. Les articles de marque sont .... chers en France que dans mon pays.

e. Les footballeurs sont .... beaux que les acteurs de cinéma.

3. Imagine des comparaisons.

a. entre deux équipes de football : ....

b. entre deux vendeurs : ....

c. entre deux amis : ....

4. Indique qui est le client et qui est le vendeur.

a. Je cherche des clés USB. → ....

b. Je vous propose cette marque. → ....

c. J'aimerais des renseignements. → ....

d. Je vous recommande ce clavier. → ....

e. Je vous écoute. Que souhaitez-vous ? → ....

f. Nous n'avons pas votre taille → ....

5. Associe.

a. une marque   b. une promotion   c. le premier prix   d. une cabine d'essayage

①

②

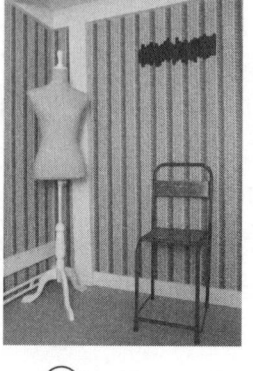
③

④

Séance 3 — Je m'engage
Unité 6

🔊 51 1. Écoute l'interview et réponds.

a. Quel âge ont Manon et Maxime ?
❏ 18 ans   ❏ plus de 18 ans   ❏ moins de 18 ans

b. Que font les jeunes du Conseil Municipal des Jeunes ?
....

c. Pourquoi Manon participe ?
....

d. Qu'est-ce que Maxime souhaite partager ?
....

e. Cite les deux projets de Manon et Maxime.
....

2. Réponds aux questions.

a. Pourquoi tu apprends le français ? ....
b. Pourquoi tu fais du sport ? ....
c. Pourquoi tu manges ? ....
d. Pourquoi tu vas au collège ? ....

3. Transforme les phrases. Utilise le passé récent.

Exemple : *Je fais du kayak.* → *Je viens de faire du kayak.*

a. J'aide une personne blessée. → ....
b. Il crée une association. → ....
c. Je m'inscris au service civique. → ....
d. Nous terminons l'entraînement. → ....
e. Elle rentre du conseil municipal. → ....

4. Qu'est-ce que tu viens de faire ? Écris trois courtes phrases.

....
....
....

6. Pose une question à ta famille et à tes amis. Écris leurs réponses en français.

Exemple : *Pourquoi on fait du sport à l'école ?*

....
....
....
....

Séance 4 — Aïe, j'ai mal ! — Unité 6

1. Il s'agit d'expressions positives ou négatives. Coche la bonne case.

	Positive (+)	Négative (-)
a. Je me sens mal.	❏	❏
b. Je suis en forme.	❏	❏
c. J'ai de la fièvre.	❏	❏
d. Je suis guéri.	❏	❏
e. J'ai mal à la tête.	❏	❏

🔊 52 2. Écoute et termine les phrases.

a. ....
b. ....
c. ....
d. ....

🔊 53 3. Tu entends [j] ou [g] ? Écoute et coche la bonne case.

	a.	b.	c.	d.	e.	f.
[j]						
[g]						

4. Écris une phrase avec le son [g] et une phrase avec le son [j].

[g] ....
[j] ....

5. Complète avec « c'est trop » ou « il y a trop de ».

a. .... vent, je n'arrive pas à avancer.
b. Je ne peux pas, ... difficile.
c. .... bien ! J'adore ce sport !
d. J'ai peur, ... de monde.
e. Je ne comprends pas, ... consignes.

6. Écris une publicité comme celle de l'exercice 6 du livre.

Exemple : *Pour une boisson miracle*

....
....
....

Séance 5 — J'aimerais m'inscrire

Unité 6

1. Classe ces sports du moins cher au plus cher.

Tarifs du Centre Sportif de La Baule		
Sports	Prix du cours	Coût supplémentaire pour l'équipement
Basketball	55 euros	0 euro
Escalade	30 euros	15 euros
Football	60 euros	0 euro
Handball	50 euros	0 euro
Hockey sur glace	70 euros	20 euros
Natation	45 euros	8 euros
Ping pong	25 euros	10 euros
Tennis	85 euros	0 euro
Voile	120 euros	0 euro
Volleyball	65 euros	0 euro

Classement : ....

54. 2. Écoute et complète le tableau.

Titre du film	....
Réalisateur	....
Date de la séance	....
Heure de la séance	....
Date limite de réservation	....
Cinéma	....
Numéro de téléphone	08 12 50 ....
Site internet	www. ....

3. Écris les nombres ordinaux en lettres.

a. le 1er : ....
c. le 4e : ....
e. le 7e : ....
b. le 2e : ....
d. le 6e : ....

4. Classe ces nombres ordinaux.

a. le septième
b. le troisième
c. le dixième
d. le premier
e. le trente-sixième
f. le vingtième
g. le cinquième
h. le quatre-vingt-dix-neuvième
i. le douzième

Classement : ....

cinquante-neuf

Lecture

Unité 6

Lis et réponds.

L'ultimate

On joue à l'ultimate à l'extérieur avec 2 équipes de 7 joueurs. On peut aussi utiliser un terrain de handball avec 2 équipes de 5 joueurs, ou jouer sur la plage ! Il faut faire des passes et marquer des buts avec un... frisbee ! 3.000 joueurs pratiquent l'ultimate dans 75 clubs en France. Ce sport est très drôle et développe la responsabilité individuelle.

Marion et Benjamin jouent pour la première fois. « Ce sport est très différent des autres sports d'équipe. Par exemple, il n'y a pas d'arbitre » explique Benjamin. « Et pas de contacts physiques entre les joueurs » ajoute Marion.

a. Où peut-on jouer à l'ultimate ?
....
b. Une équipe d'ultimate compte combien de joueurs ?
....
c. On joue avec quel objet ?
....
d. Cite deux particularités de l'ultimate.
....

Ce sport t'intéresse ? Regarde sur Internet, un club existe peut-être dans ta ville !

Apprendre à apprendre

Unité 6

Identifier les temps de la conjugaison

1. Réponds par « oui » ou par « non ».

a. Je confonds les temps de la conjugaison. Oui ❏ Non ❏

b. J'identifie visuellement la construction des temps. Oui ❏ Non ❏

c. Le passé récent décrit ce qui vient d'arriver. Oui ❏ Non ❏

d. Le présent décrit ce qui arrive en ce moment. Oui ❏ Non ❏

e. Le présent progressif décrit ce qui est en train de se produire. Oui ❏ Non ❏

f. Le futur proche décrit ce qui va bientôt arriver. Oui ❏ Non ❏

2. Quel est le temps de la conjugaison ?

a. Il vient de manger. ....
b. Il va manger. ....
c. Il est en train de manger. ....
d. Nous venons d'arriver. ....
e. Nous arrivons. ....
f. Nous sommes en train d'arriver. ....
g. Nous partons. ....
h. Nous allons partir. ....
i. Nous sommes en train de partir. ....

3. Quel temps on utilise ?

a. le verbe « venir » + « de »
b. l'expression « en train de »
c. le verbe « aller » + infinitif

4. Écris ces phrases dans l'ordre.

Passé récent :
a. je / dormir / de / viens
b. venons / de / faire / nous / du / ski

Présent progressif :
c. en / train / de / nous / courir / sommes
d. il / train / est / en / manger / de

Futur proche :
e. kayak / ils / faire / vont / du
f. malade / vas / être / tu

5. Transforme ces phrases au passé récent.

a. Tu achètes une nouvelle raquette.
b. Elle se fait mal.
c. Nous gagnons !
d. Vous appelez l'entraîneur.
e. Elles entrent dans le club.

6. Choisis la personne et écris une phrase avec ces verbes au présent progressif.

a. Gagner ....
b. Perdre ....
c. S'entraîner ....
d. Se guérir ....
e. Prendre des médicaments ....

7. Écris des phrases au futur proche.

a. Faire de la compétition : Je ....
b. Être malade : Il ....
c. S'entraîner pour le championnat : Elle ....
d. Devenir champion du monde : Nous ....
e. Avoir mal aux pieds : Vous ....
f. Venir à la compétition : Ils ....

soixante et un

Bilan — Unité 6

Grammaire

🔊 55 1. Écoute et complète avec « ce », « cet », « cette » ou « ces ». (3 points)

a. .... magasin.
b. .... affiche.
c. .... promotions.
d. .... prix.
e. .... marques.
f. .... boisson.

🔊 56 2. Écoute et pose des questions avec « pourquoi ». (2 points)

a. ....
b. ....
c. ....
d. ....

3. Complète avec « c'est trop » ou « il y a trop de ». (2 points)

a. .... cher, je n'ai pas l'argent.
b. .... articles dans ce magasin.
c. .... beau pour être vrai.
d. .... garçons dans cette équipe.

4. Complète avec « ce », « cet », « cette » ou « ces ». (2,5 points)

a. .... raquettes sont lourdes, je préfère .... marque.
b. Il y a ton équipement de plongée dans .... armoire.
c. Quel est le prix de .... objet ?
d. .... sac de sport est idéal pour ranger mes affaires.

5. Fais quatre comparaisons avec ces adjectifs. (4 points)

a. plus ou moins difficile
....
b. plus ou moins beau
....
c. plus ou moins cher
....
d. plus ou moins drôle
....

6. Imagine la fin des phrases au passé récent. (2 points)

a. Je n'ai pas faim, ...
b. Nous n'avons pas sommeil, ...
c. Tu as mal parce que ....
d. Elle est contente, ...

7. Conjugue le verbe « gagner » au passé récent. (2 points)

....
....
....
....

Phonétique

8. Souligne le son [g] et entoure le son [ʒ]. (1,5 point)

Zut, j'ai de la fièvre, j'ai mal à la gorge et j'ai les yeux rouges !

9. Écris un état physique positif et un état physique négatif. (1 point)

....
....

Total : ... / 20